피자를 주문하는 저녁

손수성

경북 영주(풍기)에서 태어나 경북대 사범대 국어교육과, 고려대 교육대학원을 졸업하고, 중등학교에 근무하다가 경주교육지원청 교육장으로 퇴직하여 포항에서 생활하고 있다.
1994년 《경향신문》《매일신문》 신춘문예에 시조가 당선되어 작품 활동을 시작했다. 시조집으로 『청동의 바람』이 있으며, 제35회 한국시조시인협회상(본상), 제14회 한국시조문학상, 제1회 올해의시조문학작품상 등을 수상했다.
whitesobaek@hanmail.net

피자를 주문하는 저녁
—
초판 1쇄 2025년 6월 30일
지은이 손수성
펴낸이 김영재
펴낸곳 책만드는집
—
주소 서울 마포구 양화로3길 99, 4층 (04022)
전화 3142-1585·6
팩스 336-8908
전자우편 chaekjip@naver.com
출판등록 1994년 1월 13일 제10-927호
ⓒ 손수성, 2025
—
* 이 책의 판권은 저작권자와 책만드는집에 있습니다.
  이 책 내용의 전부 또는 일부를 재사용하려면 양측의 동의를 받아야 합니다.
* 잘못 만들어진 책은 구입하신 서점에서 바꾸어 드립니다.
—
ISBN 978-89-7944-898-6 (04810)
ISBN 978-89-7944-354-7 (세트)

책 만 드 는 집   시인선 261

피자를 주문하는 저녁

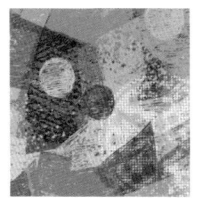

손수성 시조집

책만드는집

| 시인의 말 |

길은 나와 세계,
우리에게로 나 있다

아지랑이 이는 푸른 길
비틀거리며 가다 보면

등 굽은 내 그림자는
가까운 아득함 만나리라

2025년 여름
손수성

| 차례 |

5 • 시인의말

1부 찢겨진 지느러미

13 • 브로콜리의 시
14 • 열기구
15 • 의자들의 경영학
16 • 한 잎의 지느러미
17 • 오늘도 금낭화
18 • 눈물을 읽는 방식
19 • 주목이 소나무에게
20 • 홍매화
21 • 일의 근황
22 • 부드러운 창
23 • 지주목
24 • 바다거북의 명절
25 • 사고 증후군
26 • 언덕 위에 있는 시조

2부 팽팽히 당긴 활

29 • 표적이 있는 하루
30 • 피자를 주문하는 저녁
31 • 하느님과 귀뚜라미
32 • 저물 무렵의 종이 박스
33 • 절경 한 컷
34 • 해바라기와 구름
35 • 웅덩이가 있는 거실
36 • 오어사의 봄
37 • 다시, 호박벌
38 • 그림자 집을 짓다
39 • 꽃무늬 가꾸는 타일
40 • 어떤 홍수
41 • 과메기 계절
42 • 낚시터에서

3부 푸른 탑을 만나다

45 • 푸른 탑을 만나다
46 • 야광조개 국자
47 • 매화를 불러내다
48 • 들꽃처럼
49 • 분황사 모전석탑
50 • 운주사 와불을 보며
51 • 몸의 재단 방식
52 • 아득한 효소
53 • 싱싱한 슬픔
54 • 너럭바위
55 • 벚꽃 음절
56 • 마스크의 식성
57 • 거룩한 메달
58 • 아득한 소통

4부 흔들리며 엉키며

61 · 참대
62 · 곡신의 힘
63 · 움직이는 바위들
64 · 약수
65 · 배가 있는 풍경
66 · 숨 쉬는 항구
67 · 태백을 찾다
68 · 겨울 장마
69 · 콘센트가 필요한 오후
70 · 밥 한번 먹자
71 · 굴착기 신화
72 · 철쭉제
73 · 어떤 풍요
74 · 눈썹이 젖다

5부   모서리를 안고 살다

77 • 산세베리아가 사는 거실
78 • 꽃으로 사는 주상절리
79 • 수련이 피는 연못
80 • 경주 소나무
81 • 오리나무에게
82 • 사소함의 역사
83 • 천마지에서
84 • 목련꽃 그늘
85 • 스티로폼 상자
86 • 땅의 포로가 되다
87 • 거룩한 결실
88 • 국화 목부작
89 • 자라나는 암각화
90 • 수북한 미소

91 • 해설 _ 손진은

1부
찢겨진 지느러미

브로콜리의 시

꽃만 어찌 꽃이랴 채소도 꽃일 수 있다
줄기나 뿌리까지 꽃이 될 수 있지만
제 소망 피웠다 해서 꽃이 되는 건 아니다

색깔도 깊은 색깔은 보이는 게 다 아니다
시장한 사람에게 음식이 될 수 있는
제 가진 맛이야말로 또 다른 꽃의 색깔이다

아름다움은 언제나 관계로 나아가는 길
내미는 손을 잡고 그의 입맛이 되듯
그의 몸 호젓한 어디, 피어나야 꽃이다

열기구

산도 능선을 쌓아 하늘 계단 오른다고
가슴에 불을 지피고 시간을 층계로 삼고
저 높고, 푸른 경지로
비행하잔다, 혀는

신 끈을 당겨 매고 오늘도 공원을 여는
헬륨으로 만든 안경
구름 모자를 팔던 손은
밤하늘, 호수에서나 일렁이는 불을 건진다

의자들의 경영학

의자들이 바닥을 팔아 경영을 시작했다
시간의 후미진 골목, 영세한 그늘에서도
묵인된 밀수를 하듯 엉덩이들을 찍어냈다
싱싱하고 헐렁하고, 납작하고 축 처진
그 엉덩이가 갈아탈, 보험까지 찍어냈다
접이식, 의자를 피하고 회전의자를 찾게 했다
편리의 하늘 아래 구매 욕구만 부풀린 채
빌딩 속 의자들이 안마 모델을 내놓은 이후
등이 휜 엉덩이들은 얼룩 같은 살도 붙었다

한 잎의 지느러미

나뭇잎도 태초에는
울음을 물고 나왔나

햇살이 얼비치는, 비릿한 소리의 핏줄
바람이 너무 흔들어 지느러미를 키웠나

빗물을 타고 올라 천둥 파고를 넘고
허공 저 건너편, 울음을 벗으러 갔나

청동빛, 절 한 채 짓고
추녀 끝을 쳐들고

하늘 수초 무성한 곳, 녹을 닦는 어느 가을
고통과 한 몸 되어 울음의 껍질 벗겼나

찢겨진 지느러미가
풍경 소리를 문다

오늘도 금낭화

산다는 건
허공 속
손을 내뻗는 것

하루하루의 꽃송이들
연등처럼 걸어 들고

내 꿈의 햇살 무게로
그윽하게
휘어지는 것

눈물을 읽는 방식

산도 울음을 울어
깊어지는 계곡에는
눈물이 고였다고 눈물만은 아니다
마른 잎, 쌓인 그림자 헤치는 손길이 있다

눈물을 가둔 갈대, 가슴을 치는 폭포하며
흙탕물을 안고서 똬리를 트는 침묵
명징한 눈물 바닥엔 싹이 트는 별이 있다

눈물은 그 수면에 하늘 나무를 키운다
벚꽃 가지 그늘에 상현달 벙글듯이
하구를, 여는 발길에
하늘 꽃잎을 부린다

주목이 소나무에게

삶을 좀 죽이면 죽음을 키울 수 있지
커가는 죽음에 푸른 가지는 줄 테지만
어깨는 눈의 무게를 더 비울 수 있지

설산 오르막엔 푸름도 무거운 껍질
삶이 너무 푸르면 어깨가 찢길 수 있지
겨우내 울음에 찢겨 벼랑에 구를 수 있지

죽음을 키우면 죽음과 살 수가 있지
죽음은 그 옆구리에 바람을 끼고 살아
세월 속 꺾인 허리도 삭풍과 천년을 살지

홍매화

내 몸은
구리라서
계절에 늘 변색된다

봄 산사
문살 앞
녹을 닦는 초산 내음

핏물 밴
망치 소리로
금꽃 법구를 왼다

일의 근황

밥이 목숨일 때 목숨과 결혼한 이후
집에서 안식을 깁는, 집밥의 미소를 위해
몇 달째 객짓밥 공사장
새벽을 연다, 일은

삐걱대는 으스름 이리저리 건너다니며
불덩이를 등에 지고 허공 길을 오르내리면
기진한 서산마루도
타던 놀에 스러지고

모래 밥 힐끗대며 귀가하는 밤하늘
하늘 자락 들추며 꿈속으로 기어들며
신음 속 한 입 베어 문
집밥의 환한 얼굴

부드러운 창

흔들리고 찢긴다고 어찌 상처뿐이랴
돌에 발이 묶인, 미역은 손을 키워
파도에 몸이 찢겨도 파도의 틈을 찾는다

틈을 찾아 살다 보면 몸이 이내 납작해지고
상처에 잎이 나면 생각도 납작해지고
파도의 틈 속에 들어 파도와 춤추며 산다

찢긴 몸이 아니면 출 수 없는 춤을 춘다
천의 손을 펄럭이며 천의 하늘을 열며
풍랑과 손잡고 추는
부드러운 등뼈의 춤

부드러움은 죽어서도 햇살 속에 합장된다
누가 그 마른 뼈를 불의 세계로 수습해 와
해마다 태어난 날에 창으로 무장한다

지주목 支柱木

바람 부는 밤거리
지주목 댄 나무를 본다

나는 너에게
너는 나에게 묶여 있다

저만치
비틀거리는 길을
어깨동무는 건너간다

바다거북의 명절

등껍질을 벗으려면
못 할 일이 없었다
검은 해초 속, 꿈을 깁던 거북들
명절날 고향 찾듯이 화면 속에 모였다

야망의 뱃속 가득 기름을 채운 첫째와
빨대 코걸이로 멋을 부린 둘째도 오고
누이의 잘록한 허리, 그물 벨트도 왔다

삶의 하구에 쌓인, 검게 변한 이야기들
미래로 번져가는 부채 같은 부유물에
가슴속 조각난 달을
더 쏟아놓고 갔다

사고 증후군

탈선한 바다 기차가 뭍으로 밀려왔다
침묵하던 침목은 덜컹거리며 일어나고
휘어진,
눈 덮인 레일은 바퀴에 감겨 왔다

달아나던 해변 길은 산모롱이 가서 숨고
물러섰던 벼랑도 가슴 덜컥 무너져 내리고
탈골된
소나무 허리에 붕대를 감는 하늘

언덕 위에 있는 시조

호흡도 편한
언덕 위
하늘 문 여는 삼층집

연못 속
매화나무
향기 나는 흰 그림자

응접실
대화 사이로
펄럭이는 종소리

2부
팽팽히 당긴 활

표적이 있는 하루

아침 수평선은 팽팽히 당긴 활이다
영일만 해안은 또 활시위를 당기고
누군가 화살이 되어
붉은 표적을 노려본다

시야를 어지럽히며 달아나는 표적의 뿔
온종일 따라다니며 화살을 날리다가
추녀 끝 피 흘린 자취를
골목길에서 만난다

지친 어둠의 숲, 휘어진 가지들 사이
숨었던 표적이 나와 퀭한 눈으로 돌아볼 때
다시금 궁도장 능선엔
화살 끝에 별이 뜬다

피자를 주문하는 저녁

피자는 정복 시대
접시라도 삼켰는가
치즈며 토마토며 포획물들을 올려놓고
경계를 나눈 칼자국도 덤으로 담아낸다

접시들은 언제나 담는 것에 시장하다
우물 정井 자로 자르거나 찢어 먹던 전煎들에게
중심을 나누어 갖는 칼자국을 맛보게 한다

달콤한 중앙에서 딱딱한 변두리까지
사금파리 하나 없는 균등한 맛의 분배
크기만 칼이 아니라
맛도 검임을 읽게 한다

하느님과 귀뚜라미

배부른 여중생이 하느님을 자꾸 부르다
숨겨온 어둠 자락, 하느님을 덜컥 낳았다
핏물 밴 두려움으로
사방에 벽을 낳았다

차가운 길바닥엔 하느님이 벽으로 눕고
입양이 세 든 골목, 출생신고 벽이 막아
익명성 베이비 박스
그 벽에 문을 열었다

벽을 열고 벽 틈에서 안고 온 귀뚜라미
외면의 늑골 구석, 사계절 불을 켠다
하느님 하느님 하며
귀뚤귀뚤 불러댄다

저물 무렵의 종이 박스

벚나무 성화 아래 수행 중인 그를 만났다
어찌 그리 자신을, 납작하게 만드냐니까
목이며 팔다리 접어
중심을 잡는다 했다

처음엔 다 반듯한, 사각형 꿈을 꾸지만
중심을 잡지 않아서 모서리가 자꾸 자라
모서리 쌓은 집 한 채
그 어둠을 접는다 했다

모서리 펴는 곳에 꽃은 또 피어난다고
돌아갈 순간까지 자신을 묶는 결기에
벚꽃도 그의 가슴 위
접힌 주름을 펴주었다

절경 한 컷

바다는 힘살을 세워
제 온몸을 부딪는다

슬픔의 퇴적층, 뼈로 선 암벽을 향해

세월의 푸른 잔해 속
새겨놓은
칼자국들

해바라기와 구름

누가 하늘 길에 예초기를 돌리나 보다
길을 덮는 억새나 휘감는 덩굴인 듯
불을 문 원형 톱날로
구름의 잎 자르나 보다

처음부터 잘라야 할, 꽃 아닌 게 어디 있으랴
구름도 웃자라면 저 건너를 가리는 잡초
여름철 무성한 방종도 쳐내야 할 덩굴인걸

쳐내는 마음 따라 가을 하늘이 오나 보다
파도 소리 높은 해안, 톱날을 가는 해바라기
가슴은 까맣게 타도
별빛 저리 익나 보다

웅덩이가 있는 거실

내 새벽 금을 내는 아파트 공사 소리가
갈라진 논바닥과 산 그림자를 불러오네

남쪽 창 거실 모퉁이
웅덩이를 파게 하네

물을 댄 논바닥이 물에 띄운 산 그림자
향기로 말아내던 산 아래 메밀밭이

팍팍한 시간의 둘레에
난 둑을 또 쌓게 하네

향기로 고이는 물, 푸르른 대화 포기
금 간 마음을 깁고 그늘을 접어내고

소파는 발이 빠져도
영근 미소 꿈을 꾸네

오어사吾魚寺의 봄

숨이 찬
진달래는
못가에 와 원효를 마시고

왕버들은
기다리다 못해
혜공 품으로 뛰어들고

그물코
집던 그림자
발 미끄러지는 소나무들

다시, 호박벌

몸에 비해 작은 날개
날기에도 힘이 드는
저 연둣빛 하루가 200km 난다네요
더 많은 날갯짓으로 더 많은 불 나르려고요

호박밭 들른 바람, 그 연두의 시간에는
꽃잎 속에 파묻혀 꽁지만 겨우 남기네요
돌아본 몸뚱이 온통, 노란 불투성이네요

몸으로 지피는 봄, 기다리는 마을에선
저 작은 날개가 꽃잎 안에서 웅웅대면
감춰둔 불씨를 쏟아 활활 타는 토마토들

토마토 열매는 또 온몸으로 불을 옮겨서
짙어가는 어스름 속 봄을 깁는 부품 공장
분주히, 부르튼 손들이
사방 불을 붙이네요

그림자 집을 짓다

가을 은행나무 새 집을 설계한다
제 거둔 잎으로 파인 땅을 고르며
지금껏 외면한 그림자
그 건평을 측량한다

정착도 못 한 세월, 그림자 일기장에는
참새들이 떨궈놓은 금잔화 몇 포기뿐
허공의 높이가 부린
꺾인 무릎이 즐비하다

바닥에서 바닥으로 토담에서 기왓골까지
제 금빛 기와를 내려 그림자 집을 짓는다
비좁은 제 마음의 곳간
헐고 있는 중이다

꽃무늬 가꾸는 타일

휴대폰 문자 하나 꽃잎처럼 날아왔습니다
받아보니 구석 부서, 초임도 죄일 거라며

구석에 나를 맞추니
어깨가 너무 남습니다

산산조각 냈던 친구, 들리는 그 목소리를
중앙은 잦은 발길 언제 금 갈지 모른다고

그늘에 웃자란 구석,
수명으로 다독입니다

외면의 긴 복도 끝, 곧 베어질 어깨에다
구석에서 벽을 타고 천장이 되라는 지혜

꽃 피는 그녀 손가락을
결심하듯 복사합니다

어떤 홍수

낮은 곳으로
몰렸다
부모의 자아가 범람하여

문자며
전화벨 소리
바닥을 긁는 포클레인

교실에
배롱나무 하나
뿌리가 허공에 걸렸다

과메기 계절

벽이 이를 간다
잇몸이 붉고 거칠다
악쓰는 구호들이 공중에서 펄럭이고
골목은 겨울 덕장을 찬반으로 나누었다

집게 든 수용 명령이 우릴 허공에 집고
법률 용어들은 머리에, 얼음을 부어댔다
손발이 뻣뻣해지고 몸이 얼기 시작했다

소문에 흔들리다 말라가는 숱한 수분들
칼날 같은 바람 앞에 언 몸을 뒤척여 봐도
마지막 감정가까지 밤눈으로 와 내렸다

이제 더 변두리로 내일을 옮긴다 해도
재개발 재건축에 계절은 또 잡힐 것이니
하늘만 더 넓게 앉아
비린 맛을 즐길 뿐이다

낚시터에서

기상 이변인가
물고기가 현명해졌나

칼바위에 올라서 바늘을 숨겨보지만
낚시는 어종에 따른 미끼가 곧 미소다

어쩌면 이 과장이 보낸, 부고 문자 같고
친구의 전화번호 그 반가운 울림 같은
일상의 모퉁이 어디 만났던 듯한 미끼

미끼가 된 크릴이나 알림 문자는 이미 안다
현명하다는 것은 믿지 않는다는 것

잡혀 온, 믿음을 방생하며
오늘을 전파한다

3부
푸른 탑을 만나다

푸른 탑을 만나다

탑의 마을에서 척추가 휜 탑을 만났다
요즘도 쌓인 소망들이 그리도 많으냐니까
힘줄이 툭툭 불거진
근골들을 보여주었다

문제는 가슴에 얹은 숱한 돌덩이이며
위로만 겨누고 있는 그 창이 아니겠냐며
비탈과 하나가 되는, 자세를 서로 논의했다

듣고 있던 청대가 비움으로 층을 쌓다가
바람을 막고 서서 하늘을 쏠어대다가
석양이 흐느끼는 소리에
돌 조각을 툭, 떨군다

야광조개 국자

경주 천마총에서
해설하는 그를 만났다
어떻게 바다 건너 예까지 왔느냐니까
허리를 굽히고 앉아 접힌 세월을 펴 보였다

건너기 위해서는,
나를 부숴야 한다고
모서리 갈고 갈아 따뜻한 손 되어야 한다고
비워낸 그 깊이만큼 어둠 담아야 한다고

시들한 나를 보고
어둠이 빛을 낳는다고
최부잣집 솟을대문, 삐걱임처럼 말하더니
귀갓길 어두운 하늘에 금빛 음절로 새겨놓았다

매화를 불러내다

사방이 매화꽃인 매화마을을 걷다 보면
매화꽃 향기 속에 도서관이 보인다
서가에, 꽂힌 고서적
그 꽃잎도 보인다

책갈피 속에서나 향기를 머금은 채
글자들에 눌려서 납작납작해진 꽃잎
외면한 세월에 말라 바삭바삭해진 꽃잎

오늘의 추위 속에 그 꽃잎을 불러낸다
향기를 팔지 않고* 자연으로 물을 대면
옹이 진 가지에 벙글
내 매화 한 송이

* 신흠의 "梅一生寒不賣香"에서 차용.

들꽃처럼

그리움이 절실해야
꽃으로 피어난다고

겨우내 마른 잎으로
향기를 키워온 봄

너에게
꽃으로 다가가

향기로
말하고 싶다

분황사 모전석탑

어쩌면 탑을 세워 절을 지킬 수 있으랴
제 하늘 받치는 탑, 기둥으로 삼을 탑은
세월을 벽돌처럼 잘라
집을 우선 지을 일이다

사방에 문을 두고 부처님도 모셔두고
그 문 양쪽에는 인왕상도 세워두고
집 위에 또 집을 올려 하늘 빗장 열어두고

저렇듯 짧은 처마, 그림자도 잘라두고
달빛 자락자락 방에 가득 들게 하여
밤마다 어두운 귀퉁이
하나둘 허물 일이다

운주사 와불을 보며

저리 납작 누우면 위로 걸을 수 있을 텐데

천년을 바라보던 저 하늘 저 허공의 길

어깨를 맞대고 걸으면 바위도 질 수 있을 텐데

눈비도 누워 담으면 더 넓게 열리는 호수

피어나는 구름이며 철새들 울음소리도

물 아래 가라앉히고 하늘 품을 수 있을 텐데

곧추서서 걷다 보니 산만 자꾸 만났구나

등짐을 비우지 못해 눈비도 담지 못한 채

몸속엔 연못이 말라 담긴 하늘이 없구나

몸의 재단 방식

 제 목을 자르고 팔다리를 다 자르고 오로지 몸통 하나로 속도 텅텅 비운 채
 남들을 가슴에 담고 신음하는 냉장고처럼

 신음 소리 나는 가슴 갈가리 찢어내어 손발이나 더 만들고 머리에 먹물도 담고
 흡반을 남에게 붙이다 먹이 되는 문어처럼

 어쩌면 몸이란 바람 소리 같은 것 조각조각 흩어서 봄빛으로 벙글어서
 눈비로 남에게 스며 꽃이 되는 구름처럼

아득한 효소

아내가 남기고 간 당귀 같은 슬픔을

잎을 펴 정리하다가 가슴에 저미다가

줄기가 너무 억세어 항아리에다 담는다

단맛을 우려내리라 짙은 내음 순화하리라

돌멩이로 눌러놓고도 자꾸만 뒤적이는 밤

방 안엔 숨죽지 않는, 회한들만 자꾸 푸르다

싱싱한 슬픔

냉장고가 신음 속에
식재료를 늘 관리하듯

파며 배추며, 상추가 다 그러하듯

슬픔도
잎이 싱싱해야
입맛을 돋울 수 있다

너럭바위

눈비가 지나가도 남는 건 늘 슬픔뿐이다

날 선 모서리며 푸석한 살이 아직 남아

오늘도 갈며 파내며 푸른 하늘을 안아본다

개인이 우주라는데 거울 속으로 길을 내면

파낸 자리마다 물소리도 와 머무르리라

파인 몸, 고인 물 속에 달도 그윽이 잠기리라

벚꽃 음절

공원 벤치에 앉은, 실직한 아저씨한테
보험 아줌마가 미래를 파나 보다

립스틱 묻음 음절이
바람에 풀풀 날린다

미래는 저렇듯 보험 가방과 함께
봄이 되면 낮은 곳을 찾아 나서나 보다

향기를 품은 음절이
파인 바닥에 고인다

마스크의 식성
– 코로나 시대

귀에서 귀까지 바이러스 막아준다고
코와 입 핥아대며 턱까지 물어뜯더니

우리네
봄 같은 미소를
흔적 없이 삼켜버렸다

거룩한 메달

스케이트 선수들은 별난 메달을 달고 산다
흔히들 장식장이나 장롱 속에 두는 것을

매일이 진짜 무대라며
몸에 달고 다닌다

더러는 정강이나 허벅지에 매달거나
손가락에 끼우거나 이마에도 붙인 채

순간의 탄내가 나는
빙판길을 열곤 한다

그저 그런 선수로 끝내지 않기 위해
쓰러지기 직전의, 활처럼 휘어진 몸

메달이 주렁주렁한
내일로 또 쏘아 간다

아득한 소통

시책은 늘 광장에서 세계를 거론하지만
햇살은 숲에 들어 비탈을 헤집으며
나무들 발등을 잡고
푸르게 소곤거린다

구호는 또 방패 되어 앞길을 막아대지만
숲속 때죽나무는 그늘에서 꽃을 피워
햇살을 불러들여 와
향기로 도란거린다

4부
흔들리며 엉키며

참대

바람 벌 헤쳐 가는데 흔들림이 어찌 없으랴
이리저리 흔들리는데 엉킬 일이 어찌 없으랴

오늘도 흔들리며 엉키며
매듭을 푸는 참대

제 그늘 풀어내려고 저리 하늘 쓸어대면서
제 서걱임 풀어내려고 저리 가슴 비워대면서

고난의 언덕에 올라
푸름을 잣는 나날이여

매듭을 푸는 힘으로 점점 더 단단해지다가
속을 비운 힘으로 점점 더 높이 오르다가

빈속에 사리로 채운
뽀얀 하늘의 속살

곡신谷神의 힘

삶이 팍팍한 것은 등성이 때문이다
위로만 쌓고 쌓아 칼바람만 맞이할 뿐
자신을 씻고 도려낸, 골이 얕기 때문이다

높은 등성이엔 나무들도 흘러내린다
하루하루 고랑을 내어 골짜기를 깊게 하면
그윽한 높이가 되어 새 울음도 품을 수 있다

비운 그릇이 되면 그림자도 담을 수 있다
가슴속 불거져 나온 바위며 삭정이들
벼랑 끝 세월마저도 물소리로 적실 수 있다

움직이는 바위들

움직이는 바위들이 동해엔 많이 살았다
무지개를 뿜어대며 수면에 머릴 쳐들던
이름도 귀신이 붙은 한국계란 그 회색빛

연오랑 세오녀를, 태워 갔던 그 바위들
그림자도 포획하던 일제 강점 허기 앞에
장생포, 구룡포 어디 그 바위들은 이제 없다

반구대 암각화를 살려낸 기적 같은
기진한 콧잔등을 쓰다듬고 호흡하는
뱃전엔 정화된 손길이 출렁이는 캘리포니아

찾아간 오호츠크해 사할린 연안에는
사라진 동해에, 상처 난 지느러미에
오늘도 전설은 무거워 돌아오질 못한다

약수 若水

삶은 구름처럼 흐르는 것이 아니라
조약돌 품에 안고 구르는 것이라고
세월의 너럭바위에
길을 내는 것이라고

길은 그렇게 막무가내가 아니라
밑으로 아래로 스스로를 낮추면서
구렁을 메우며 가는
구불구불한 것이라고

우리 결국 닿을 곳이 어쩌면 호수라고
혼탁에 일렁이고 산 같은 것 가라앉히고
잔잔한 가슴에 담은
푸른 하늘 한 조각이라고

배가 있는 풍경

그대 하늘빛,
중력으로 말한다 해도
나는 바다색,
부력으로 화답할래요

배 한 척
우리 사이에
수평선을
밀고 가게요

숨 쉬는 항구

삶이 황량한 것은 항구 때문 아닐까요
가슴속 항구를 바다로 다 떠나보내면
그대가 닿을 해안엔
바람만 머물 뿐이지요

가슴에 항구 있으면 흰 구름이 배를 밀고 와
고기들도 시장 바닥, 비늘 털며 푸덕이지요
훈훈한 사투리들도
귓가에 와 출렁, 하지요

배 한 척 아득한 날도 항구가 싱싱하면
비릿해서 푸른 꿈, 해변은 넘실대고
어둠 속
별을 새기며, 등대가
신화를 쓰지요

태백太白을 찾다
– 탄핵 시대

현실은 제 품 안에 거짓을 키우며 산다
그 자위를 덮어버릴 하얀 결론을 찾아
태백의 눈길에 올라
정결한 말씀에 젖다

크게 흰 세계는 하늘과 인접해 있다
숨 가쁜 오르막길 그 끝에 서성이다가
몸으로 제단을 쌓은
기원 앞에 엎드려 있다

겨울 장마

하늘이 무너져 비가 쏟아질 때는
바람을 일으키는 TV를 꺼야 합니다
소리가 빗물을 타고 사방에 흩날립니다

소리가 비껴 날면 처마 밑도 적시고
지붕을 헐뜯으며 소란을 선동합니다
진실의 시멘트 벽도 흥건히 적셔놓습니다

우산을 써보아도 소리들은 질척입니다
생각의 발뒤축에 진흙이 자꾸 달라붙어
흰 눈이 덮일 그날을 맞을 틈이 없습니다

콘센트가 필요한 오후

태양이 머리 위에, 모래를 부려놓는다
눈으로 흘러내리고 귀로도 쏟아진다

어둠 속 숨 쉬는 별을
모래에서 찾는 시간

모래가 더 쌓이면 내 하루도 곧 묻히리라
폭염이 몰고 온, 모래 언덕 그 능선에

태양을 등에 진 낙타가
긴 그림자를 꽂는다

밥 한번 먹자
- 長相毋忘에게

정을 깁는 말 속에는
재봉틀 스프*가 있다

말하는 그 순간에
네 시선과 내 시선이

솔기를
서로 맞댄 채
박음질됨을 맛볼 수 있다

* 가루 형태의 조미료. (예) 라면 스프.

굴착기 신화

5톤 굴착기가
하늘에서 강림하셨다
출근이 한창인 시간, 서울 도로 한복판에서
소리로, 겨울을 흔들며 요란하게 왕림하셨다

하필 정차 중인 시내버스를 밟으셨다
버스는 등이 휘고 1m 깊이로 꺾어지고
바닥에 눕지를 못한 손잡이들만 요동쳤다

지상에 어디 그깟 굴착기 한 대 없으랴
가림막 뒤 철거 현장엔 크레인도 누워 쉬는데
도로 위 차들만 엎드려
하늘의 뜻을 곱씹었다

철쭉제

산은 5월에야 속울음을 내보인다
겨우내 눈바람을 신음 소리로 맞서다가
한 고비 훌쩍 넘어야
제 이력을 펴 보인다

겨울이 할퀸 자리는 푸르게 아물었고
울음이 얼었던 자리 꽃잎 속속 피어났다
맞서서 버틴 세월이
봄으로 다 피었나 보다

어쩌면 더불어, 꽃 필 수도 있었던 것
올겨울 칼바람은 피하지만은 않겠다고
다투어 다짐을 하듯
인증 사진을 찍는다

어떤 풍요

재개발 마을 안 폐지 수거 공장은
결핍의 바다에 뜬 풍요로운 섬이다
어판장 바닥에 부려놓은
고기들의 더미다

어쩌면 이력서며, 기간제 티슈도 있고
실직한 박스들이며 늙은 노동도 쌓여 있다
저마다 비늘이 벗겨져
비린내가 풍성하다

쌓인 더미 속에는 그늘이 늘 눌려 산다
날마다 햇살 아래 새로운 바다를 꿈꾸지만
여전히 도매상 앞에는
외면의 잔해가 즐비하다

눈썹이 젖다

중환자실 창문은 바다에 젖어 있다

방파제며 등대는 하늘에 젖어 있다

태풍이 암벽을 덮쳐

그 너울 솟구치고 있다

5부

모서리를 안고 살다

산세베리아가 사는 거실

고층 그림자가 남쪽 창을 넘어온다
긴 혀를 날름대며 침입하는 저 스르륵
빛을 문 산세베리아가 두 귀를 쫑긋한다

똬리를 튼 그림자, 검게 벌린 입 앞에
이리저리 몸을 틀며 피하는 산세베리아
발등엔 이빨이 박혀 비명만 붉다, 어느덧
그림자 뱃속으로 다 삼켜진 산세베리아
회한에 잠긴 감옥, 제 몸에 불을 붙였나
탄내에 그을린 어둠이 치욕을 토한다, 결국

유순柔順을 재련한다 짙어가는 초록 불꽃
부르르 겁을 털고 불티로 나는 음이온 속
내일의 이빨에 맞설 청동 검을 자꾸 벼린다

꽃으로 사는 주상절리

경주 양남 해변에는 바위들이 누워 산다
지금껏 파도에, 쓰러지고 허물어져도
끝까지 남은 결기로 모서리를 갖고 산다

거친 세파에도 남은 날을 벼리면서
날 선 모서리로 모서리들을 불러 산다
서러움 서로 맞대어 모난 손들 잡고 산다

모두들 한때는, 하늘 괴던 기둥인데
살다 보니 무너져 부침 속에 빠진 나날
어둠 속 여명을 찾아 부챗살로 펼쳐내고

이제는 누웠어도 피워내는 마음의 잎
남의 모서리를 서로 첩첩 안다 보니
바위도 꽃잎이 되어, 언제나 꽃으로 산다

수련이 피는 연못

먼저 다가가야 만남이 이루어진다
날이 새자 빛이 먼저 물의 방문을 두드려서
오늘도 수면 위에서
보석처럼 둘은 만난다

그늘을 뒤로 해서 대화마저도 환하다
손뼉 치는 아이들처럼 반짝반짝 빛이 난다
웃음의 파장도 합쳐
동그라미를 그린다

서로 만나 웃고 떠드는 소리가 모여
수면 위에서 수련이 보랏빛으로 피었다
반겨서 뿌리가 굵고
두드려서 잎도 푸르다

경주 소나무

우리는 곁가지를 단호히 치지 못한다
절단의 아픔이나 덧나는 생각 속에
누구나 가슴 한켠에
옹이들을 갖고 산다

보듬고 다독여도 옹이들은 자꾸 자라
결국은 우리 삶이 직립이 되지 못한다
저렇듯 꾸불꾸불하게
하늘을 안고서 산다

오리나무에게

비탈에 서 있다고 너무 투덜대지 마라
허리가 굽는다고 너무 바람 탓만 마라

삶이란 제 생각대로
어차피 휘어지는 것

어쩌면 금강송은, 하늘을 향해 곧게 휘고
오동은 봉황을 향해 내면의 결로 휜단다

보아라 굽은 등 아래
찾아드는 여름들

비탈은 남의 손을 맞잡을 줄 안다
숲이 되어 마른 바닥 보듬을 줄 안다

결국은 넓게 드리운, 아
결실 같은 그늘

사소함의 역사

사소함은 그 품 안에 비수를 품고 산다

바쁜 일만 떠받들고 사소하다 무시하면

일상에 비수를 꽂아 반란을 시도한다

사소함이 일어서면 특별함을 낳는다

풀꽃들이 피는 삶은 고즈넉한 하늘인데

자꾸만 반란의 역사를 기억 속에 쌓는다

천마지天馬池에서

학이 못가에서 고기를 한참 잡다가
부리를 날갯죽지에
숨기고 서 있다

먹는 일
일삼는 자기가
잠시 비쳐
외면하나 보다

목련꽃 그늘

목련꽃 앞에 서면 그늘을 잘 보지 못한다
순백의 표정만 보면 순간에 늘 빠져들고
내 상처 꽃 피지 못해
눈이 멀기 때문이다

진정 꽃이라면 그늘도 꽃이라야 한다
큰 꽃잎 떨구며 주변에 갑질을 하는
짓무른 저 배려야말로
도려내야 하지 않는가

마른 꽃잎을 안고 허리가 휜 들풀을 보라
목련은 저 푸르려고 사방을 오염시키고
깨끗한 그늘을 위해
바람만 저리 분주하다

스티로폼 상자

의무는 그 머리에
꽃사슴 뿔이 있어
섣불리 안다가는 상처 나기 십상이다
저렇듯 결기를 세워 자신을 묶는다 해도

푸석해지는 얼굴, 햇살을 모으며 산다
눈앞에 펼쳐지는 생채기가 느는 나날
하이얀 미소 가득한,
비움을 향해 간다

땅의 포로가 되다
-2017. 11. 15.

그의 주먹은 포클레인
그보다 더 강렬했다
스쳐 지나만 가도 시간의 벽에 금이 생기고
어깨 위 붉은 벽돌들이 와르르 무너져 내렸다

능히 내연산쯤은 옮길 수도 있었으리라
창문만 잡히고도 복합골절 된 무릎 사이
바람이 웅성대더니 참새들도 들락거렸다

하루에도 몇 차례 속수무책의 그 폭력들
차 소리에도 가슴의 금이 넝쿨처럼 자라고
누워도 피신할 곳이 안식처럼 어른거렸다

죄도 없이 죄지어 그의 포로가 되었다
정해진 형기刑期도 없이 수용소에 갇힌 채
가진 건 촛불 하나뿐
밝게 견딜 세월뿐

거룩한 결실

목련은 제 꽃잎을
마음껏 흔들어대지만
무화과나무는 결코
자랑하지 않습니다
남에게 기쁨을 감추려
꽃잎 안으로 피웁니다

꽃 피지 못한 삶들이
서성이는 기슭입니다
가슴속 제 꽃잎들
아픔으로 여물게 해
꽃이며 열매인 결실
이웃과 함께 나눕니다

국화 목부작

손발을 잘라내는 극단의 고통이라면
떠나간 그대를 불러올 수 있을까

더불어 있음으로써
더 아름다운 그 길

그림자 찾아내어 함께 선 이들이 있다
들리지 않는 대화로 꽃 피는 이들이 있다

죽음을 부여잡고도
향기를 뿜는
나날들

자라나는 암각화

잘해주어야 했다 그가 못을 들기 전에

내 바위 여기저기 상형문자를 그어대더니

나중에 드러난 윤곽, 일그러진 얼굴이었다

풀었어야 했다 세월이 우릴 훑기 전에

그가 남긴 자국을 손가락으로 자꾸 닦다가

못으로 새긴 그 표정, 정 자국으로 자랐다

수북한 미소

해국은 죽더라도
손가락은 풀지 않는다

돌 조각이 추락하는, 파도 위 암벽 틈에서

수북한 손뼈가 키운
한 송이 보랏빛
미소

| 해설 |

사물과 자연에서 발견하는 생의 진실과, 불이不二의 생태시학

손진은 시인·문학평론가

1. 사물의 주체 의지

 시는 매 순간 시란 무엇인가라는 질문에 대한 대답을 요구한다. 모든 존재에 대한 성찰을 끌어내야 하기 때문이다. 엄밀한 의미에서 시는 감정의 발산을, 언어유희를 넘어 때 묻은 관습적 언어와 인식을 새롭게 해야 한다. 이를 두고 릴케는 보는 법을 배워야 한다고 하고, 폴 발레리는 우리가 알고 있는 것을 지워야 대상을 제대로 볼 수 있다고 말한다. 우리는 욕망의 끌림에 따라 선택적으로 보고, 통념에 따라 본다. 그러기에 시는 인간의 눈에 잘 띄지 않는 이름 없고 소외된 존재를 적극적으로 호명하여, 비인간이 우리에게 걸어오는 말을 받아 적는 일이다. 더더욱 입이 없어서 말할 수 없는 존재의 목소리를 내세우는 일이다. 이때 '나'는 시의 주체가 아니고, 시에 몸을 대주는 시의 플랫폼이 된다. 시가 '나'를 경유하면서 '나'를 재구성하는 것이다. 우리는 이를 두고 사물을 포함한 비인간이 주체가 된다고 말한다. 이런 주체의 구성 방식에서 손수성은 자기 목소리를 내는 시인이다.

> 의자들이 바닥을 팔아 경영을 시작했다
> 시간의 후미진 골목, 영세한 그늘에서도
> 묵인된 밀수를 하듯 엉덩이들을 찍어냈다
> 싱싱하고 헐렁하고, 납작하고 축 처진
> 그 엉덩이가 갈아탈, 보험까지 찍어냈다
> 접이식, 의자를 피하고 회전의자를 찾게 했다
> 편리의 하늘 아래 구매 욕구만 부풀린 채
> 빌딩 속 의자들이 안마 모델을 내놓은 이후
> 등이 휜 엉덩이들은 얼룩 같은 살도 붙었다
> ─「의자들의 경영학」 전문

우선 이 시는 '의자'라는 비인간이 주체가 됨으로써 기존 시의 문법과 시작 방식을 갱신한다. 당겨서 말하면 이 시에 나오는 모든 행위를 한 주체가 의자라는 것이다. 새로운 경영을 시작한 것도, 엉덩이를 찍어내고, 보험까지 찍어낸 것도, 회전의자를 찾게 한 것도, 안마 모델을 내놓은 것도 모두 의자가 된다. 시인은 왜 그런 시도를 했을까? 이는 입이 없어서 말하지 못하는 존재의 목소리를 내는 것이 아니라 모든 혐의를 덮어씌우는 꼴이다.

그러나 독자들은 시인의 의도와 지향, 즉 인간의 욕망이 초래한 비극을 의자의 진화로 보여주고 있다는 것을 이내 알아차린다. 첫 수 초장부터, 앉아서 생활하는 전통적 생활 방식에 좌식 의자가 들어오면서 달라진 변화를 "의자들이 바닥을 팔아 경영을 시작했다"라는 선언으로 표현하고 있다. 이어지는 장들에서 시인은 '의자'가 물신주의의 음험한 욕망을 드러내고 있음을 보여준다. "시간의 후미진 골목, 영세한 그늘"의 미학성을 보라. 하도급업체에서 밤낮 가리지 않는 노동이 "묵인된 밀수를 하듯" 찍어내는 엉덩이들은, 의자이면서 그 의자를 구매할 소비자들의 욕망이다. 이 시인의 개성적인 서정에는 노동과 욕망이라는 이중의 현실이 그 바탕에 깔려 있다.

그 경영이라는 것은 둘째 수에서는 "싱싱하고 헐렁하고, 납작하고 축 처진/ 그 엉덩이"를 가진 소비자들의 구색에 맞게, 심지어 손해배상이라는 안전장치("갈아탈, 보험")까지 갖추어 유혹의 손길을 펼치는 것으로 나타난다.

이 시가 정작 말하려 하는 것은 셋째 수 초장 "편리의 하늘 아래 구매 욕구만 부풀린 채"에 드러나는 인간의 생리일 터이다. 이 시는 걷기보다는 앉으려 하고 더 편하게 앉다 못해 안마 기능까지 갖춘 모델을 찾게 되면서 "얼룩 같은 살"까지 덤으로 불어난 "등이 휜 엉덩이" 인간과, 이런 인간들의 생리를 빈틈없이 활용하여 재화를 축적해 내가는 물신주의의 음험한 욕망을 비꼬고 있는 것이다. 시인은 어느덧 우리 안방을 점령하고 있는 '안마의자'를 보면서, 인간들의 엉덩이에 당하는 의자들의 수난의 목소리도 들으면서, '의자들의 경영학'이라는 에둘러 가는 제목으로 오늘의 자본주의 일상을 풍자하고 있는 것이다. 사물을 주체로 내세우는 시인의 의도가 도달한 지점이다.

이런 비인간의 주체 의지는 비인간이 우리에게 걸어오는 말을 받아 적는 일이다. 시인은 '시인의 말'에서 "길은 나와 세계,/ 우리에게로 나 있다"고 선언한다. 그것은 시인이 '나'와 '세계', '우리'를 주제와 미학의 삼각 구도로 의식하면서 창작하고 있음을 보여주는 구절이 아닌가. 아래 시를 보라.

나뭇잎도 태초에는
울음을 물고 나왔나

햇살이 얼비치는, 비릿한 소리의 핏줄
바람이 너무 흔들어 지느러미를 키웠나

빗물을 타고 올라 천둥 파고를 넘고
허공 저 건너편, 울음을 벗으러 갔나

청동빛, 절 한 채 짓고
추녀 끝을 쳐들고

하늘 수초 무성한 곳, 녹을 닦는 어느 가을
고통과 한 몸 되어 울음의 껍질 벗겼나

찢겨진 지느러미가

풍경 소리를 묻다
−「한 잎의 지느러미」 전문

  좋은 시는 해답을 주기보다 질문을 던진다. 상처를 감추고 어루만지기보다 상처와 대면하게 한다. 세 수 모두 물음의 뼈대로 구성된 이 시는 풍경을 치는 청동의 한 잎 사귀에서 발원한 질문을 이어간다. 첫 수는 울음을 물고 나온 나뭇잎, 그 소리의 핏줄이 지느러미로 파닥인다. 나뭇잎은 일반적인 인식을 뒤집고 동물로, 어류로 자유자재의 변신을 이룬다. 그러나 아직 존재는 맑게 정제되지 않은 "비릿한 소리의 핏줄" 단계에 머무른다. 비릿함은 아직 자기 정화에 이르지 못했다는 증거다. 그러던 것이 둘째 수부터 거듭나기 위한 기투가 시작된다. 걷잡을 수 없이 아찔한 공간에 들어가는 하나의 작은 존재, 나뭇잎은 울음을 벗기 위해 "빗물을 타고 올라 천둥 파고를 넘고/ 허공 저 건너편"까지 가는 과정에 이르렀다가 다시 하강하여, '풍경風磬'으로 형상화된 "청동빛, 절 한 채 짓고/ 추녀 끝을 쳐들"기에 이른다. 공간의 엄청난 확산과 응축이 이렇듯 절묘하다. 셋째 수에 이르면 역발상의 미학이 드러난다. 나뭇잎은 허공에 매달려 하늘 수초의 무성한 녹을 닦아내며, 마침내 고통과 한 몸이 되어 울음의 껍질을 벗긴다. 그것은 비릿함을 벗기는 것과 같은 의미다. 이 과정을 거쳐 울음은 극도로 정제되는 것이다. 그 벗겨지고 정제된 울음의 현시가 "풍경 소리를" 무는 "찢겨진 지느러미"인 것이다. 인고의 과정 속에 지느러미가 찢겨졌지만 나뭇잎은, 주체할 수 없는 울음을 흩뿌리던 개체에서 이제 '비릿함'을 걸러내고 풍경 소리를 무는, 은은한 소리를 내는 존재로 거듭나고 있는 것이다. 이 모든 과정 역시 나뭇잎을 나무에 달리거나 떨어진 존재로 보는 때 묻은 관습적 태도와 인식에서 벗어나 당당한 주체로 놓고 역동적인 상상력을 발휘함으로써 탄생된 것이다.

우리는 이로써 비인간을 주체로 놓는 손수성 시인의 전략이 노동과 욕망이라는 현실 문제뿐만 아니라 존재론의 영역에서도 두루 작동하고 있음을 확인할 수 있다. 이번에는 유머와 생명의식의 문제를 살펴보기로 한다.

2. 유머와 관조가 도달한 생명의식과 불이不二의 세계관

사물을 비롯한 식물, 동물 등 비인간을 주체로 놓은 이런 방식은 손수성 시조의 근간을 이루고 있는데, 이들 시에서는 특유의 유머의식마저 작동하고 있다. 이는 사물이나 자연 생명 일반에서 정신의 깊이를 발견하는 미학으로 나아간다.

>
> 벚나무 성화 아래 수행 중인 그를 만났다
> 어찌 그리 자신을, 납작하게 만드냐니까
> 목이며 팔다리 접어
> 중심을 잡는다 했다
>
> 처음엔 다 반듯한, 사각형 꿈을 꾸지만
> 중심을 잡지 않아서 모서리가 자꾸 자라
> 모서리 쌓은 집 한 채
> 그 어둠을 접는다 했다
>
> 모서리 펴는 곳에 꽃은 또 피어난다고
> 돌아갈 순간까지 자신을 묶는 결기에
> 벚꽃도 그의 가슴 위
> 접힌 주름을 펴주었다
> ―「저물 무렵의 종이 박스」 전문

이 시에서 '종이 박스'가 수동적인 대상이 아님은 말할 필요가 없다. 오히려 '희귀한 성자聖者'로서의 주체 자격을 가진다. 구체적으로 말하면 벚나무 성화聖花 아래 수행 중인 선승 같은 존재이다. 가만히 생각해 보면 그건 '보리수 아래 수행 중인 부처'와 대응되지 않는가? 손수성의 시는 이렇게 느닷없이 터진다. 이 시의 발화는 둘째 수까지는 시적 화자인 '나'와 수행 중인 '종이 박스'의 대화로, 셋째 수는 전체적으로 이를 조망하는 구조로 진행된다.

첫 수에서 "어찌 그리 자신을, 납작하게 만드냐"는 시적 화자의 물음은 엉뚱하고도 유머러스한데, "목이며 팔다리 접어/ 중심을 잡는다"는 종이 박스의 대답은 단선적인 듯하면서도 선적禪的이다. '목'은 뻣뻣하게 세우는 자존감과 교만의 속성이 있으며, '팔다리'는 자꾸 움직이며 욕망과 자아를 키우는 속성을 가지고 있기 때문이다. 자존감과 욕망, 자아를 다 접고 더 낮아진 '중심'을 찾아 나간다는 것이다. 둘째 수는 종이 박스의 언술만으로 구성된다. 그 언술은 훨씬 더 구체적이다. 중장에서 '중심'과 '모서리'는 대응되는 속성이다. '반듯한 사각형'을 꿈꾸면서 저마다 모서리(교만)만 키우고 낮은 중심(비움, 겸

손)이 없는 삶을 살아간다는 것이다. 우리는 여기서 종이 박스가 박스에만 그치는 것이 아니라 인간 일반으로 확장되는 것을 안다.

셋째 수는 '종이 박스'의 행위를 알아차린 벚꽃의 화음을 그리고 있다. 생의 모든 일이 그렇듯 "모서리 펴는 곳에 꽃은 또 피어"나는 것이다. "돌아갈 순간까지 자신을 묶는" 종이 박스의 "결기에" 응답하여 공중의 "벚꽃도 그의 가슴 위/ 접힌 주름을 펴주"고 있다는 것이다. "명징한 눈물 바닥엔 싹이 트는 별이 있"고 "눈물은 그 수면에 하늘 나무를 키"(「눈물을 읽는 방식」)우듯 말이다.

벚꽃나무 아래 납작하게 접힌 종이 박스를 묘사하는 이 시는 나아가 자연과 인간, 자연과 사물 간의 관계를 다루는데, 시인은 '낮은 중심'의 중요성을 강조하고 있다. 그는 즉각적인 자연(벚나무) 혹은 사물(종이 박스)을 가리지 않도록 낮은 자세로 배려한다. 그 전략으로 선택한 것이 유머이다. 유머가 침윤되면서 인간보다 사물 자연이 더 높은 자리('희귀한 성자')에 놓이게 되고, 대상을 자신의 감정을 표현하기 위한 수단으로 전락시키지 않는 장점을 보여주고 있는 것이다.

선승으로 기능하는 종이 박스의 역할은, 같은 전개 방

식을 가지고 있는「푸른 탑을 만나다」에서는 '청대'가 맡고 있는데, 가슴에 숱한 돌덩이를 내려놓지 못한 "척추가 휜 탑"이 안쓰러운 청대는 "비움으로 층을 쌓다가" 돌 조각을 떨구어주는 역할을 하고 있다.

이런 슬기로운 자연의 세목은 설산의 정상에 사는 주목에 이르러서는 자아가 더 깊은 깨달음을 체득한 존재, 삶과 죽음의 경계를 넘어서는 존재로 승화되고 있음을 우리는 아래 시에서 확인할 수 있다. 비인간을 다룬 손수성의 시가 가진 깊이다.

삶을 좀 죽이면 죽음을 키울 수 있지
커가는 죽음에 푸른 가지는 줄 테지만
어깨는 눈의 무게를 더 비울 수 있지

설산 오르막엔 푸름도 무거운 껍질
삶이 너무 푸르면 어깨가 찢길 수 있지
겨우내 울음에 찢겨 벼랑에 구를 수 있지

죽음을 키우면 죽음과 살 수가 있지
죽음은 그 옆구리에 바람을 끼고 살아

세월 속 꺾인 허리도 삭풍과 천년을 살지
  −「주목이 소나무에게」전문

 시점의 변화는 발화 방식의 변화로 이어진다. 시는 희한하게도 죽음을 키우는 존재로 설정된 설산의 주목이, 아직 가지에 푸른 잎을 창창하게 달고 있는 소나무에게 발화하는 구조로 설정되어 있다. 첫째 수에서 셋째 수로 건너갈수록 차분하고도 달관적인 어조에 실려 깨달음의 강도는 깊어진다. 주목은 첫마디로 넌지시 "삶을 좀 죽이면 죽음을 키울 수 있지"라는 화두를 던진다. 우리는 여기서 생이 "삶을 좀 죽이"고 "죽음을 키"우는 것임을 체득하게 된다. 그것은 다름 아닌 "푸른 가지"를 줄이는 과정이며, 이는 눈의 무게를 비우는 것으로 이어진다.

 "설산 오르막엔 푸름도 무거운 껍질"이라는 둘째 수 초장은 거추장스러운 허울, 비본질(껍질)을 들어낸, 죽음의 홀가분한 경지에서 나온 발화가 아닐 수 없다. 푸름은 본질이 아니라 욕망의 껍질이기에 '눈'이라는 시련을 만나면 어깨가 찢기고, 스스로의 울음에도 찢겨 벼랑에 나동그라지는 비참에 이른다는 것이다.

 그렇다. 주목은 수령을 더해 고사목이 되어갈수록 자

신의 몸속에 점점 죽음을 키워 죽음과 동행("죽음을 키우면 죽음과 살 수가 있지")하며, 마침내 죽음 자체가 되어 바람마저 벗처럼 끼고("죽음은 그 옆구리에 바람을 끼고") "삭풍과 천년을 살"게 되는 것이다. 촉루髑髏가 되어가면서까지, 삶을 죽이고 죽음을 키워 삶과 죽음의 불이不二라는 화엄세계에 도달한 존재로서의 설산 정상 주목의 노래라는 점에서 이 시의 생명체가 던지는 깊이는 여간하지가 않다.

3. 이분법적 사고 너머에 피어나는 '꽃'과 '칼'

생生과 사死가 다르지 않다는 이 인식에서 손수성의 시는 분별지分別智를 넘어서는 단계로 진입한다. 시인은 항용 우리가 '꽃'이라고 부르는 명명 행위를 의심하고 더 깊은 곳으로 나아가 새로운 범주를 창조한다.

> 꽃만 어찌 꽃이랴 채소도 꽃일 수 있다
> 줄기나 뿌리까지 꽃이 될 수 있지만
> 제 소망 피웠다 해서 꽃이 되는 건 아니다

색깔도 깊은 색깔은 보이는 게 다 아니다
시장한 사람에게 음식이 될 수 있는
제 가진 맛이야말로 또 다른 꽃의 색깔이다

아름다움은 언제나 관계로 나아가는 길
내미는 손을 잡고 그의 입맛이 되듯
그의 몸 호젓한 어디, 피어나야 꽃이다
　-「브로콜리의 시」 전문

　언어는 가치를 생산하는 도구가 된다. 이러한 과정이 언어 창조 행위다. 그러나 시인은 이름이 억압의 굴레가 되기도 한다는 것을 직시한다. 자의적으로 의미화하고 어떤 이름을 부여하는 것이 한편으로는 타성의 시선에 가두는 일이라는 것을 지적한다. 이는 꽃의 색깔을 보고 이미 예쁘다는 관념이 먼저 지배하는 시선이다.

　브로콜리를 꽃이라 명명하는 이는 드물지만, 대상은 그러한 시선과 무관하게 존재한다. 시인은 "채소도", "줄기나 뿌리까지 꽃이 될 수 있"다고 의미 범주를 새로이 설정한다. 그러나 시인은 "제 소망 피웠다 해서 꽃이 되는 건 아니다"라고 하여 타자와 무관하게 홀로 존재하는, 김소월식으로 말하자면 "저만치 혼자서 피어 있"(「산유화」)는 주체나 대상을 경계한다.

타성적 시선에 대한 회의는 색깔에까지 미친다. 자연스러운 율조에 실린 둘째 수 초장, "색깔도 깊은 색깔은 보이는 게 다 아니다"를 보라. 이제 시는 시각(색)을 넘어 미각(맛)으로 향한다. 더 엄밀히 말하면 몸의 양식이 되는 것이다. "시장한 사람에게 음식이 될 수 있는/ 제 가진 맛이야말로 또 다른 꽃의 색깔이"라 하여 시인은 시각과 미각의 범주를 넘어서기까지 한다. 아름다움과 허기를 달래며 몸에 헌신하는 맛이 일치되는 순간이다. 이때 허기진 몸도 눈을 뜬다. 몸은 단순히 생체 조직에 불과한 것이 아니라 외부 세계와 물리적 접촉을 통해서 언어 이전의 실천적 감응을 획득한다.

이렇듯 시인에게 맛을 포함하여 "아름다움은 언제나 관계로 나아가는 길"이다. 시인은 이를 두고 무수한 자잘한 송이들로 이루어진 브로콜리가 속으로 들어와, "그의 몸 호젓한 어디, 피어나" 꽃이 되는 순간이라 말한다.

"가슴속 제 꽃잎들/ 아픔으로 여물게 해/ 꽃이며 열매인 결실/ 이웃과 함께 나"(「거룩한 결실」)누는 무화과도 이런 관계성과 헌신에 바탕한 새로운 아름다움이라 할 만하다. 이렇듯 시인에게는 아픔이 꽃이며 열매이다. 「목련꽃 그늘」이란 시에서 "목련꽃 앞에 서면 그늘을 잘 보지 못"하는 이유가, "순백의 표정만 보면 순간에 늘 빠져들고/ 내 상처 꽃 피지 못해/ 눈이 멀기 때문이"라고 한다. 오히려 "마른 꽃잎을 안고 허리가 휜 들풀"에게서 상처도 꽃이라는 사실을 새로이 발견한다. 이분법적 사고를 넘어선다는 것은 바로 이런 경우를 두고 하는 말이다.

「피자를 주문하는 저녁」은 이 계열의 시 가운데 미학적 구조와 주제의식을 담아내는 기법에서 각별한 주목을 요하는 작품이다.

    피자는 정복 시대
    접시라도 삼켰는가
    치즈며 토마토며 포획물들을 올려놓고
    경계를 나눈 칼자국도 덤으로 담아낸다

    접시들은 언제나 담는 것에 시장하다
    우물 정井 자로 자르거나 찢어 먹던 전煎들에게
    중심을 나누어 갖는 칼자국을 맛보게 한다

달콤한 중앙에서 딱딱한 변두리까지
사금파리 하나 없는 균등한 맛의 분배
크기만 칼이 아니라
맛도 겸임을 읽게 한다
 —「피자를 주문하는 저녁」 전문

　일견 우리 밥상을 정복한 서양 음식에 대한 비판으로 읽히는 이 시는 실상은 그런 외양 너머 맛과 나눔(분배)에 무게중심을 두고 있는 작품이다. "제 가진 맛이야말로 또 다른 꽃의 색깔"(「브로콜리의 시」)이라는 미학적 메시지는 물론 "이웃과 함께 나"(「거룩한 결실」)누는 것이라는 분배 문제까지를 포괄한다. 그래서 첫 수 초장의 '정복 시대' 앞에 '마음의'를 붙여 읽고, '포획물'이라는 말은 '음식물'이라 읽는 것이 자연스럽다. 시인은 슬쩍 블랙 유머를 사용하고 있는 것이다. 당연히 "경계를 나눈 칼자국도 덤으로 담아낸다"는 말도 유머다. 우리 마음을 정복한 피자는 칼자국까지 한 치 빈틈없이 고루 담아낸다는 함의이다.
　둘째 수에서 본의가 드러나기 시작한다. 그것은 "우물 정 자로 자르거나 찢어 먹던 전들"과의 대비로 나타난다.

특히 "전들에게/ 중심을 나누어 갖는 칼자국을 맛보게 한다"는 미적 표현은 얼마나 매력적인 어사語辭인가. 먹는 이는 우리인데, 전들에게 칼자국을 맛보게 한다니! 전들에게 본때를 보여준다는 말을 이렇듯 세련되게 구사하고 있음을 우리는 곧 알아차릴 수 있다. "접시들은 언제나 담는 것에 시장하다"의 '접시'는 모든 걸 고루 먹이려는 애타는 모성을 함의한다고 할 수 있으리라.

셋째 수 중장, "사금파리 하나 없는"이라는 말 앞에 우리는 잠시 머물겠지만, 그건 블랙 유머로 사용되었던 첫째 수 초장의 "접시라도 삼켰는가"에서 이어진 구절이다. 시인의 의도는, 피자는 누구나 "달콤한 중앙에서 딱딱한 변두리까지" 균등하게 분배된 맛을 먹는 음식이라는 것이다. 거기서 "크기만 칼이 아니라/ 맛도 검"이라는 진술이 탄생한다.

이 장 앞부분에서 다룬 '맛이 꽃이다'라는 전언이 '맛이 칼이다'라는 전언으로 바뀌는 순간을 우리는 본다. 같은 속성을 공유하면서도 칼은 골고루 나누는 '균등'이라는 말과 '칼자국'이라는 예리한 시어까지를 거느린다는 점에서 더 깊은 차원으로 나아갔다고 할 수 있다. 그러나 두 시어는 이분법적 사고 너머에 존재함으로써 이 시인의 개성을 여실히 드러내고 있다.

4. 자연 앞에서 발견하는 생의 진실과 생태시학

자연을 다룬 그의 시들을 읽다 보면, 자연 앞에서 우리는 주체가 아니다. 우리가 자연을 보는 시선이 아니라 자연이 우리를 보는 시선에서 인식의 문이 열린다는 사실을 알 수 있다. 이는 문학이 현실과 관계를 맺거나 인간의 삶을 나은 방향으로 이끌기 위해서는 비인간과 함께 새로운 서사를 만들어가야 한다는 사실을 직시하는 것이기도 하다.

> 흔들리고 찢긴다고 어찌 상처뿐이랴
> 돌에 발이 묶인, 미역은 손을 키워
> 파도에 몸이 찢겨도 파도의 틈을 찾는다
>
> 틈을 찾아 살다 보면 몸이 이내 납작해지고
> 상처에 잎이 나면 생각도 납작해지고
> 파도의 틈 속에 들어 파도와 춤추며 산다

찢긴 몸이 아니면 출 수 없는 춤을 춘다
천의 손을 펄럭이며 천의 하늘을 열며
풍랑과 손잡고 추는
부드러운 등뼈의 춤

부드러움은 죽어서도 햇살 속에 합장된다
누가 그 마른 뼈를 불의 세계로 수습해 와
해마다 태어난 날에 창으로 무장한다
 -「부드러운 창」전문

 일견 담담한 어조로 하나의 이야기를 시작할 때에 시작하여 끝날 때에 끝내는 시로 보이지만, 미역의 일생이 극적으로 승화되어 나타나는 작품이다.
 첫 수는 "돌에 발이 묶인" 상태로 "손을 키워" 그 손이 "파도의 틈을 찾"아 살아가는 미역의 생리를 통해서 운명을 탓하지 않는 낮은 자의 예지를 그린다. 시인은 "흔들리고 찢긴다고 어찌 상처뿐이랴"라는 나직한 진술을 통해 흔들리고 찢기는 것이 상처 이상의 것임을 밝힌다. 사유의 내밀한 층위가 더 가지런하고 촘촘해진 둘째 수에서는 그 고통이 구체화된다. 납작해지는 몸("틈을 찾아 살다 보면 몸이 이내 납작해지고")이 납작해지는 생각("상처에 잎이 나면 생각도 납작해지고")도 만들지만, 상처와 고난 속에 던져질수록 더 단련되어 고난의 흐름을 타고 춤을 추는("파도의 틈 속에 들어 파도와 춤추며 산다"), 서러움을 달랠 줄 아는 서늘한 의지를 느낄 수 있다. 셋째 수가 이 작품의 정점이다. 춤은 상처를 승화시키고 풀어내는 몸짓이다. "찢긴 몸이 아니면 출 수 없는" 그 춤은 "천의 손을 펄럭이며 천의 하늘을 열며/ 풍랑과 손잡고" "부드러운 등뼈"로 추는 것이다. 이렇게 구체적으로 생생하게 자연의 생태를 미적으로 그린 적이 있나 싶을 정도로 자연의 디테일을 다룬 시들 가운데 드물게 보는 표현이다. 넷째 수에서는 삶의 극적 전환이 이루어진다. 낫으로 베어진 미역이 덕장에서 햇살 속에 말라가는 장면을 "부드러움은 죽어서도 햇살 속에 합장된다"로, 까닥하게 마른 미역("마른 뼈")을 물 붓고 끓이는 과정을 "불의 세계로 수습해 와/ 해마다 태어난 날에 창으로 무장한다"로 수일하게 잡아내는 묘사를 보라. 이 시의 제목 '부드러운 창'은 생일날 먹는 미역국("해마다 태어난 날에 창으로 무장한다")을 말하는데, 여기서 '창'은 세상의 고난에 대응하여 무장하는 창槍

이면서, 이를 통해 우리 생의 진실을 일깨워 주는 창窓이라는 이중의 의미로 쓰였다는 것을 알 수 있다. 그만큼 손수성 시인의 사유의 연동운동은 유연하다.

어떤 삶의 고난 앞에서도 절망하지 않고 끝끝내 일어서는 자연의 세목들은 그대로 민중의 서사로 이어지는 바, 손수성 시인은 그 이면에 세계와 자연을 황폐하게 하는 인간의 욕망 문제에까지 시각을 심화한다. 이들 시에서 살펴볼 수 있는 개성은 먼저 반어와 풍자를 구사하면서 미학화한다는 점이다.

등껍질을 벗으려면
못 할 일이 없었다
검은 해초 속, 꿈을 깁던 거북들
명절날 고향 찾듯이 화면 속에 모였다

야망의 뱃속 가득 기름을 채운 첫째와
빨대 코걸이로 멋을 부린 둘째도 오고
누이의 잘록한 허리, 그물 벨트도 왔다

삶의 하구에 쌓인, 검게 변한 이야기들

미래로 번져가는 부채 같은 부유물에
　가슴속 조각난 달을
　더 쏟아놓고 갔다
　　–「바다거북의 명절」 전문

　시인은 아마 생태 다큐멘터리를 보고 있는 모양이다. 바다의 황폐를 고발하고 이를 개선하기 위한 생태시로 볼 수 있는 이 작품은 전형적인 풍자의 양상을 드러낸다. 화면 속에 비친 바다거북의 표정은, 고향을 방문한 거북 가족의 외양은 시인의 의도에 따라 근사하게 묘사되어 있다. 하지만 독자들은 금방 이 시가 풍자의 세련된 어조인 아이러니를 구사하고 있음을 눈치챌 수 있다. "등껍질을 벗으려면/ 못 할 일이 없었다"라는 첫째 수 초장부터가 등껍질이 벗겨질 정도로 오염된 해양 생태를 묘사하고 있기 때문이다. 이미 푸른빛을 잃은 해초 속에 모인 거북 가족의 양상은 둘째 수에서 기실 가장 신랄한 비판의 양상을 띤다. "야망의 뱃속 가득 기름을 채운 첫째", "빨대 코걸이로 멋을 부린 둘째", "누이의 잘록한 허리, 그물 벨트"에서 한껏 치장한 모습과 그 이면이 암시하는 생태 환경은 극렬한 대비를 이루면서 우리의 헛웃음을 자아낸다. 풍자는 제재에 대한 가장 지적인 태도의 산물이다. 셋째 수는 이러한 양상에 따라 시인의 의도를 드러낸다. 인간의 이기적인 욕망과 생활의 편의는 결국 그 뒷면에 생물을 다 죽이는 검은 생태("삶의 하구에 쌓인, 검게 변한 이야기들")를 낳으며, 이는 미래 세대가 떠안아야 하는 부채("미래로 번져가는 부채 같은 부유물")로 남는다. 거북 가족들은 찢긴 희망("가슴속 조각난 달")을 더 쏟아놓고 화면에서 사라져 간다.

결이 조금 다르긴 하지만 이 시대의 아픔을 알리는 예민한 촉수를 전달하고 있는 아래 작품도 어른들의 삐뚤어진 욕망이 낳은 부산물이라는 측면에서 이 범주에 포함할 수 있다.

    배부른 여중생이 하느님을 자꾸 부르다
    숨겨온 어둠 자락, 하느님을 덜컥 낳았다
    핏물 밴 두려움으로
    사방에 벽을 낳았다

    차가운 길바닥엔 하느님이 벽으로 눕고
    입양이 세 든 골목, 출생신고 벽이 막아

익명성 베이비 박스
그 벽에 문을 열었다

벽을 열고 벽 틈에서 안고 온 귀뚜라미
외면의 늑골 구석, 사계절 불을 켠다
하느님 하느님 하며
귀뚤귀뚤 불러댄다
 ―「하느님과 귀뚜라미」 전문

  여중생이 아기를 출산하고 막막해하다가 베이비 박스에 넣고 만다는 스토리를 가진 시지만, '하느님'과 '벽', '귀뚜라미'라는 말이 입체성을 가지면서 미학적 울림과 진폭이 큰 서사적 자장을 거느린다. 우선 첫째 수의 '낳다'라는 말이 가진 긴장을 보자. 배가 불러오는 여중생이 절대자를 애타게 부르며, 몰래 숨겨오던 아이를 출산하는 장면을 "숨겨온 어둠 자락, 하느님을 덜컥 낳았다"의 탄력을 가진 문장으로 미학화한다. 하느님과 아이는 '생명'이라는 점에서 구분되지 않는다는 생태학적 사유가 녹아 있다. 소녀 입장에서도 태아는 하느님만큼 소중한 존재다. 그러나 종장 "핏물 밴 두려움으로/ 사방에 벽을 낳았다"에서 보듯이 소녀가 하느님과 같은 생명을 낳은 사건은 우리 사회의 캄캄한 벽을 낳는 순간으로 변한다. 이런 미학적 긴장을 '낳다'라는 동사에 수렴시킨다.

둘째 수 초장 "차가운 길바닥엔 하느님이 벽으로 눕고"는 이런 사유의 결과로 나온 문장이다. 입양 기관("입양이세 든 골목")의 도움을 받고 싶어도 출생신고라는 시스템의 벽에 막힌 소녀에게는 베이비 박스라는 익명의 '벽'만 겨우 문을 열고 있다는 것이다.

셋째 수에서는 이 시의 미학적 긴장이 한 단계 올라 새로운 구조와 주제의 진폭을 확장한다. 그것은 귀뚜라미의 등장 때문이다. "벽을 열고 벽 틈에서 안고 온 귀뚜라미"라는 초장의 표현에서, 안고 온 아이와 상자 속 귀뚜라미는 구분될 수 없이 넘나든다. 중장 "외면의 늑골 구석, 사계절 불을 켠다"는 구절을 보면 아이의 가느다란 울음을 못 잊어 하는 모성마저 느껴진다. 종장에 이르면 첫째 수에서 그 소녀가 불렀던 "하느님 하느님" 하는 소리를 이제는 귀뚜라미가 "귀뚤귀뚤 불러"대고 있어 소녀, 아이, 귀뚜라미가 입체적으로 겹쳐지는 미학으로까지 승화된다. 벽 틈에서 나온 존재만이 같이 위로할 수 있고 시대의 아픔을 알릴 수 있다는 함의와 함께 생태시조의 미학을

한껏 끌어올린 작품이라 할 수 있다.

5. 발상과 사유, 관조가 뿜어내는 개성적인 결실

지금까지 필자는 손수성의 이번 시집이 몇 가지 점에서 뚜렷한 개성을 거느리고 있음을 살펴보았다. 정리하면 다음과 같다.

첫째, 내가 시의 주체가 아니라 오히려 사물을 비롯한 비인간이 우리에게 걸어오는 말을 받아 적으면서, 그들의 목소리를 내세우는 방식을 갖고 있다는 점이다. 이 방식은 현실 문제뿐만 아니라 존재론의 영역 양면에서 두루 작동하면서 그의 시의 새로운 면모를 드러내는 지점으로 기능한다.

둘째, 그의 시조의 근간을 이루고 있는 비인간을 주체로 놓은 이런 방식에 시인 특유의 유머의식마저 더해지면서, 사물이나 자연 생명 일반에서 정신의 깊이를 발견하는 미학으로 나아간다는 것이다. 유머와 관조가 도달한 이 생명의식은 삶과 죽음이 다르지 않다는 불이不二의 세계관까지 도달한다.

셋째, 그의 시에서 타성적 시각에 대한 회의는 '꽃'과 '칼'의 미학으로 드러난다는 점이다. 그는 아름다움을 시각적으로만 보지 않고 관계성의 측면으로 확대한다. 채소도 꽃이 되며, "맛이야말로 또 다른 꽃의 색깔"이라는 미학적 메시지는 물론, 아픔도 상처도 생의 꽃이며, '이웃과 함께 나누는 것'이 꽃의 진정한 아름다움이라 명명한다. '맛이 꽃이다'라는 그의 전언은 '맛이 칼이다'라는 전언으로 바뀌는데, 칼은 '균등'이라는 말과 '칼자국'이라는 예리한 시어까지를 거느린다는 점에서 더 강렬한 차원으로 나아갔다고 할 수 있다.

넷째, 어떤 삶의 고난 앞에서도 절망하지 않고 끝끝내 일어서는 생의 진실을 자연의 세목에서 발견하는데, 이는 우리 사회의 낮은 곳에서 사는 사람 일반으로 확장된다. 시인은 역으로 세계와 자연을 황폐하게 하는 인간의 욕망 문제를 다루기도 하는데, 이는 그의 개성적인 시각과 미학적 긴장을 갖춘 생태시학이라 명명할 수 있다.

손수성의 시는 미학적 긴장과 탄력이 시조의 형식과 유연하게 결합되면서, 주제의 진폭이 확장되고 구조가 새롭게 수렴되는 특징을 가진다. 새로운 발상과 심오한 사유, 깊은 관조에서 우러나오는 웅숭깊은 미학은 최근 시조단이 내놓은 가장 탐스럽고 개성적인 결실의 하나라는 것을 이 시집은 뚜렷하고도 옹골차게 보여준다. 필자는 그의 시 세계를 '사물과 자연에서 발견하는 생의 진실과, 불이不二의 생태시학'이라 조심스럽게 붙여본다. 독자들은 그의 시들을 읽으면서 시조에서 어떻게 형식과 내용이 조화를 이루어 깊이를 가지는지 그 역동적인 과정을 고개를 끄덕이며 알게 될 것이다.